Samuel Cameroun

Comment les hommes prennent-ils le ''666'',

Samuel Cameroun

Comment les hommes prennent-ils le ''666'',

le signe de la Bête sur la main ?

Éditions Croix du Salut

Imprint

Cover image: www.ingimage.com

Publisher:
Éditions Croix du Salut
is a trademark of
International Book Market Service Ltd., member of OmniScriptum Publishing Group
17 Meldrum Street, Beau Bassin 71504, Mauritius

Printed at: see last page
ISBN: 978-613-7-37156-5

Septième Etude Biblique / 27

COMMENT LES HOMMES PRENNENT-ILS LE "666", LE SIGNE DE LA BETE SUR LA MAIN ?

PROLOGUE SUR LA...

Collection de la série chrétienne.

" QUE CELUI QUI LIT FASSE ATTENTION ! "

(Mathieu 24 : 15)

Au cours de notre marche spirituelle, nous aborderons les fondamentaux de la saine doctrine chrétienne qui en est la colonne et l'appui de la vérité. D'après l'apôtre Paul encourageant son fidèle compagnon dans 1 Timothée 3 : 14 - 15 il lui écrit : « *Je t'écris ces choses, avec l'espérance d'aller bientôt vers toi, mais afin que tu saches, si je tarde, comment il faut se conduire dans la maison de Dieu, qui est l'Église du Dieu vivant, la colonne et l'appui de la vérité* ». A la suite de l'apôtre Paul, les études de cette série, coupleront tout au long, les thèmes de la doctrine biblique à ceux de la prophétie, car Jésus-Christ exhortant fraternellement l'Eglise qui en est " Membre de son Corps " est toujours présent aux côtés des siens. Pour cela, les enseignements de la présente collection s'appuieront essentiellement sur les livres conjoints de la Révélation (Apocalypse), juxtaposé à celui de Daniel, pour confirmer cette bonne nouvelle du message de l'évangile. Puisque, arrivés à la fin des siècles, la doctrine évangélique, les dix commandements de Moïse et la prophétie ont été recommandés précieusement aux chrétiens authentiques, pour leur servir de boussole dans l'obscurité des ténèbres du mal. Ceci en raison de l'esprit d'égarement qui a conduit à l'apostasie doctrinaire, désormais rendue très populaire, parmi toutes ces communautés de prétention chrétienne que la Bible nomme de « *Babylone La Grande La Mère des Impudiques* ! » Apocalypse 17 : 5.

Aussi, devons-nous chercher Dieu avec toutes nos forces, nous qui sommes la génération parvenue au terminal de l'histoire de ce monde destiné à sa ruine imminente et éternelle! C'est Jésus seul, qui en a déterminé les conditions de salut pour quiconque veut sincèrement échapper en sortant de ce monde d'impies. Car il le déclare solennellement : « *personne ne peut venir à lui si le Père ne l'attire...* » Cependant une fois venue au Seigneur, sachons également que Jésus ajoute : « *nul ne peut aller à Dieu sans passer par Lui (Jésus)* ». Finalement quel est le but de notre marche chrétienne ? Et qu'est-ce que l'Eglise du Christ ? Peut-elle être une organisation dénominationnelle ? - Les Assemblées chrétiennes doivent-elles dépendre d'une quelconque agence gouvernementale pour prouver qu'elles sont l'Eglise de Christ ?

Alors que les vrais chrétiens s'apprêtent à faire face à la pire persécution de l'histoire sainte, par le « 666 » qui conditionnera bientôt tout Homme, - Nos finances à l'exemple des dimes doivent-elles être engagées pour nous gagner le ciel ? - Le Christ est-il encore présent dans ces dénominations appelées Eglises ? - Qui devrait être à la tête de l'Eglise du Christ ? - Comment se construisent actuellement les communautés chrétiennes sous le seul Berger, Jésus-Christ ? - L'Eglise de Christ en a-t-elle de responsables visibles ? - Cette Eglise de Christ peut-elle entretenir la corruption ? Peut-elle tant soi peu compromettre notre salut par quelques doctrines non scripturaires ? Quelle Eglise en effet aujourd'hui, est parfaitement en conformité avec la sainte volonté de Christ révélée dans la Bible ?

Pour toutes ces interrogations et tant d'autres qu'on en oublie certainement, la collection *"Que celui qui lit, fasse attention"*, propose exclusivement des réponses bibliques simples et assez complètes suivant chaque thématique abordée. Les réponses à ces questions ci-dessus en énoncé disons-le, ne seront données qu'aux cœurs humbles, voilà pourquoi la présente série chrétiennes *"Que celui qui lise fasse attention "*, est une suite de messages vivants. Ils ont été conçus en tenant compte des besoins spirituels de notre génération, surtout des prophéties dont la Bible, par la révélation et l'enseignement doctrinaire de Christ, des apôtres et des prophètes d'autrefois, nous invite à scruter jour et nuit sans relâche dans une vie de prière, leur accomplissement, afin de nous donner la force de paraitre debout devant le Fils de Dieu, au dernier jour. Voici la promesse de Christ à son Eglise *« A celui qui vaincra, et qui gardera jusqu'à la fin mes œuvres, je donnerai autorité sur les nations. » Apocalypse 2 : 26*

NB: Sauf indication contraire, les références bibliques citées en études, sont tirées de la version des saintes écritures (Louis Second). Et pour chaque thème, vous pouvez consulter le sommaire en page **34** et **36**. Par l'indication ordinale (question-réponse), toute réaction particulière, pourrait susciter un accompagnement biblique personnalisé et/ou communautaire, tant soit peu, que vous vous manifestiez sur notre site internet, par appel téléphonique WhatsApp ou sur notre adresse électronique marquée au bas de chaque page.

L'Eglise vous présente ainsi une série de *« 27 études bibliques »*, complétant autant de messages vidéos, audio, en version électronique téléchargeable sur le site internet *wwwchrétiens-église.org*. Tout ceci pour un égal nombre de livrets, à offrir progressivement, selon que le Seigneur Yahwéh Dieu, y pourvoira avec miséricorde et grâce en Jésus-Christ !

L'ensemble de cette collection est gratuitement offert, afin de respecter l'esprit de Christ qui nous a recommandé d'en faire don, puisque nous l'avons reçu gratuitement :

ALORS IL N'APPARTIENT A PERSONNE DE VENDRE CETTE PAROLE DE DIEU !

Mais au préalable, nous vous invitons à recevoir la lettre de l'Auteur écrite pour vous les lecteurs. Cette lettre pourrait vous servir de feuille de route et de guide pédagogique. Cependant il n'est jamais chrétien de croire que notre Seigneur agira identiquement dans tous les cas, au cours de votre croissance spirituelle, ou du ministère pastoral d'évangélisation à travers vous. C'est pour cette raison qu'une fois de plus, nous vous invitons à demeurer attentif à sa voix spirituelle, au travers du canal infaillible que représente pour quiconque, la lecture assidue de sa parole, la Bible.

LETTRE D'ENCOURAGEMENT DE L'AUTEUR, POUR VOUS !

Frères et sœurs, que la paix de Dieu qui surpasse toute intelligence, garde vos pensées en Jésus-Christ ! ».

Soyez la bienvenue, en empruntant avec l'Eglise, la petite voie très resserrée qui mène dans l'éternité, et dont seul Le Fils de Dieu, en est Le Guide et Le Souverain Berger...

Avant toute chose, nous vous conseillerons durant votre étude biblique, d'être critiques du sens des doctrines que ces saintes lettres aborderont. En cela, vous serez entrain de suivre les recommandations des Apôtres selon Actes 17 : 11. *« Ces Juifs avaient des sentiments plus nobles que ceux de Thessalonique ; ils reçurent la parole avec beaucoup d'empressement, et ils examinaient chaque jour les Écritures, pour voir si ce qu'on leur disait était exact. »*

Durant votre croissance chrétienne, lisez régulièrement votre Bible. Ecoutez le Saint-Esprit. Partagez cette richesse avec d'autres. Soyez généreux, surtout envers votre entourage. Sachez encourager des initiatives d'étude communautaire. Eprouvez ceux qui par esprit de vaine critique, vous taxeront de sectaire. Luttez sans vous laissez distraire par les ennemis de vos âmes. Simplifiez-vous la vie chrétienne. Assistez les démunies de votre voisinage, à commencer par les membres de votre famille. Impliquez-vous dans des campagnes d'évangélisation publique. Exploitez tous les créneaux de communication, et rependez la bonne nouvelle comme des semeurs de Vie !

N'ignorez personne dans vos prières. Appelez la faveur de Yahwéh Dieu sur ceux qui vous écoutent, mais également sur ceux qui vous résisteront. « N'ayez aucun ennemi..., vivez en paix avec tous..., et soyez en parfait harmonie... », Avec l'ensemble de l'Eglise locale de Christ dans le pays, la ville ou le quartier de vote résidence.

Frères et sœurs, « fuyez le péché » et « soyez saint » car « notre Dieu est Saint. » Et par reconnaissance à Dieu de vous avoir sauvé et envoyé, « chantez-Lui sans cesse des cantiques spirituels sous l'inspiration de son Esprit. »

Comme vous avez « reçu gratuitement », veuillez à ne pas briser cette chaine de solidarité ! Avec de nouveaux disciples, commencez par présentez l'évangile, puis abordez des thèmes doctrinaux en fonction de votre auditoire et de leurs besoins spirituels. Vous pourrez choisir les thèmes qui vous conviennent à vous, en obéissant à la voix du Saint-Esprit. Et comme « l'eunuque Ethiopien » sachez que Christ les rejoindra sur la route quand vous vous mettrez en peine de le leur enseigner, surtout à la jeunesse. Donnez-vous à vos Frères chrétiens « comme une offrande à Dieu », car « la moisson est abondante mais les ouvriers sont peu nombreux. » Aussi, rappelez-vous de la promesse de Christ dans la parabole des « ouvriers de la dernière heure »

Ainsi « notre joie sera parfaite » de vous savoir en route pour la céleste patrie, étant enfants de Dieu et serviteurs du Christ, si vous avez appris qu'il n'y a « pas de plus grand amour, que de donner sa vie pour ceux qu'on aime ». De même « qu'il y a plus de joie à donner qu'à recevoir »

Enfin, soyez heureux, en attendant notre Sauveur Jésus, qui « n'oubliera pas votre participation à la propagation de l'évangile et du message de la vérité ». N'ayez de crainte, que de Dieu Lui Seul. Et puis, très vite faite nous part de votre témoignage : des dons que le Saint-Esprit vous aura gratifié, en vue de parfaire le corps du Christ. « Soyez bénie en tout point de vue ! »

*Alors, « **BIEN AIMES** », recevez ces études bibliques comme un présent du Seigneur Jésus, transmis par le ministère d'évangélisation depuis son Eglise du Cameroun, par votre dévoué serviteur et modeste frère d'Afrique, qui tient à vous rappeler que Yahwéh Dieu, par son Fils Jésus-Christ, vous aime d'un Amour Eternel. Croyez de même à notre dévouée affection fraternelle, par les arrhes du Saint Esprit. Amen !*

NB: *En fin d'étude biblique, à la (**Page 38**) de ce titre, vous trouverez les différents thèmes proposés dans la collection d'étude Biblique " Que celui qui lit fasse attention". Nous rappelons aux lecteurs que cette série d'étude biblique chrétienne est disponible gratuitement pour votre édification au site www.chrétiens-église.org*

SAMUEL CAMEROUN, Apôtre du SEIGNEUR JESUS-CHRIST.

cameroun samuel@gmail.com *Tel + 237 690600469 ou + 237 679647767*

Texte à lire — *Ezéchiel 20 : 9- 16,19 - 21*

« *Sanctifiez mes sabbats, et qu'ils soient entre Moi et vous un signe* »

Néanmoins j'ai agi par égard pour mon nom, afin qu'il ne soit pas profané aux yeux des nations parmi lesquelles ils se trouvaient, et aux yeux desquelles je m'étais fait connaître à eux, pour les faire sortir du pays d'Égypte. Et je les fis sortir du pays d'Égypte, et je les conduisis dans le désert. Je leur donnai mes lois et leur fis connaître mes ordonnances, que l'homme doit mettre en pratique, afin de vivre par elles. Je leur donnai aussi mes sabbats comme un signe entre moi et eux, pour qu'ils connussent que je suis l'Éternel qui les sanctifie. Et la maison d'Israël se révolta contre moi dans le désert. Ils ne suivirent point mes lois, et ils rejetèrent mes ordonnances, que l'homme doit mettre en pratique, afin de vivre par elles, et ils profanèrent à l'excès mes sabbats. J'eus la pensée de répandre sur eux ma fureur dans le désert, pour les anéantir. (...) Dans le désert, je levai ma main vers eux, pour ne pas les conduire dans le pays que je leur avais destiné, pays où coulent le lait et le miel, le plus beau de tous les pays, et cela parce qu'ils rejetèrent mes ordonnances et ne suivirent point mes lois, et parce qu'ils profanèrent mes sabbats, car leur cœur ne s'éloigna pas de leurs idoles. (...) Je suis l'Éternel, votre Dieu. Suivez mes préceptes, observez mes ordonnances, et mettez-les en pratique. Sanctifiez mes sabbats, et qu'ils soient entre moi et vous un signe auquel on connaisse que je suis l'Éternel, votre Dieu. Et les fils se révoltèrent contre moi. Ils ne suivirent point mes préceptes, ils n'observèrent point et n'exécutèrent point mes ordonnances, que l'homme doit mettre en pratique, afin de vivre par elles, et ils profanèrent mes sabbats. J'eus la pensée de répandre sur eux ma fureur, d'épuiser contre eux ma colère dans le désert. »

INTRODUCTION

Seriez-vous étonnés d'apprendre que Dieu a un signe spécial, une marque qu'il place sur ses serviteurs ?

Seriez-vous surpris d'apprendre que si une personne ne porte pas cette marque lors du retour de Jésus, elle ne pourra pas entrer dans le royaume de Dieu ?

Seriez-vous choqués de savoir que la majorité des gens ignorent que totalement l'existence de sceau et, de ce fait, ne s'en préoccupent pas ?

Seriez-vous frappé de stupeur de découvrir que l'un des objectifs majeurs de l'Apocalypse est d'identifier le sceau de Dieu et de la restaurer ?

Aussi incroyable que cela paraisse, les affirmations ci-dessus sont vraies. Peu de choses sont aussi importantes pour Dieu que son sceau. Hélas quand Dieu regarde ses enfants, aujourd'hui, il doit les regarder avec tristesse en constatant que « *le sceau manque* » à la majorité d'entre eux parce qu'ils auraient déjà pris celui de la Bête le « *666* ».

Il est très important de procéder même par élimination, afin d'exercer un jugement assez éclairé sur la saine doctrine que cette série d'étude Biblique se propose de vous apporter au nom de Christ ! Sachez-le, pour une question aussi capitale que le 666, l'urgence d'éviter cette marque bientôt indélébile, dépendra d'abord de notre usage approprié des Sainte Ecritures, La Bible. Ensuite de votre compréhension active de ce qu'est-ce "666". Le succès dépendra uniquement de votre capacité à éliminer des idées préconçues sur une doctrine ayant été enseignée par une dénomination autre que celle à laquelle vous avez toujours appartenue. En ce moment il y a tellement de faux enseignements que le Diable fait circuler sur le "666", au détriment de la saine doctrine, naturellement. Cet état de chose pourrait entraîner certaines personnes à rejeter systématiquement la Vérité Biblique au risque même de rejeter Dieu Lui-même ! Mais l'enseignement sur « COMMENT LES HOMMES ONT-ILS DEJA PRIS LE 666 SUR LA MAIN », fut-il dispensé dans leur communauté par leurs responsables habituels, que ces personnes auraient aussitôt adhérés. Mais cette probabilité reste trop infime : *Mathieu 9 : 16- 17 « Personne ne met une pièce de drap neuf à un vieil habit ; car elle emporterait une partie de l'habit, et la déchirure serait pire. On ne met pas non plus du vin nouveau dans de vieilles outres ; autrement, les outres se rompent, le vin se répand, et les outres sont perdues ; mais on met le vin nouveau dans des outres neuves, et le vin et les outres se conservent. »*, a dit le Christ. Alors ne faite pas l'erreur de refuser la vérité pour le seul fait qu'elle soit partagée avec une ou plusieurs Eglises qui vous auraient déçues, ou qu'elle ne proviendrait pas d'une communauté de votre appartenance. Pour une raison ou pour autre, ne fermez pas la porte de votre cœur à Jésus, car la Vérité n'appartient pas à une obédience, moins encore à une communauté, surtout pas à un homme ou un système humain. La vérité va au-delà de toute considération humaine. Donc elle ne saurait être l'apanage d'un cercle ; quel qu'il soit ! *Jean 21 : 25 « Jésus a fait encore beaucoup d'autres choses ; si on les écrivait en détail, je ne pense pas que le monde même pût contenir les livres qu'on écrirait. »* En réalité, la Vérité est, et a toujours existée en tant que personne. Jésus déclare dans La Sainte Bible : Jean 14 : 6 « *Je suis le chemin, la vérité, et la vie. Nul ne vient au Père que par moi.* »

Priez beaucoup, tandis que vous étudiez une doctrine aussi vraie et vitale pour votre indispensable salut. Vivement que Le Saint-Esprit ouvre les oreilles de votre entendement, pour susciter une Foi Véritable qui doit rester malgré l'usure et le temps qui passe…

LE SYMBOLE D'UNE APOSTASIE SPIRITUELLE

1. Dieu dit-il qu'une partie du monde seule sera concernée par cette apostasie ? Apocalypse 14 : 8

« Et un autre, un second ange suivit, en disant : Elle est tombée, elle est tombée, Babylone la grande, qui a abreuvé toutes les nations du vin de la fureur de son impudicité ! »

2. Quel ordre Dieu donne-t-il concernant Babylone ? Apocalypse 18 : 4
« Et j'entendis du ciel une autre voix qui disait : Sortez du milieu d'elle, mon peuple, afin que vous ne participiez point à ses péchés, et que vous n'ayez point de part à ses fléaux. »
Note: L'ordre est pour le peuple de Dieu. Plusieurs sont encore dans Babylone. Avec amour, Dieu les appelle à en sortir avant que les condamnations l'atteignent.

3. Pour quelles raisons Dieu veut-il que son peuple sorte de Babylone ? Apocalypse 18 : 1- 3

a. *« Une habitation de .... »*
b. *« Un repaire de tout .... »*
c. *« Les nations boivent de son .... »*
d. *« Elle s'est livrée à l' ....avec les rois de la terre. »*
e. *« Ne pas participer à ses .... »*
f. *« Ne pas avoir part à ses .... »*
g. *« Ses péchés se sont accumulés jusqu'au.................................. »*
h. *« Dieu s'est souvenu de ses .... »*

Note: Il est évident que la justice divine est arrêtée sur le jugement de Babylone : sur la question de ses agissements pervers, voir sataniques. Alors à ce sujet, il s'occupera d'Elle. Quoiqu'elle puisse être, le peuple de Dieu a intérêt à sortir du milieu d'elle.

RAPPEL DU CALCUL POUR IDENTIFIER LA MARQUE DE LA BETE : LE 666

(Voir leçon N° 4 "LE GRAND SIGNE DE LA BETE, LE (666) REVELE."

4. Que représente une bête dans la bible ? Daniel 7 : 23
« Il me parla ainsi : Le quatrième animal, c'est un quatrième royaume qui existera sur la terre, différent de tous les royaumes, et qui dévorera toute la terre, la foulera et la brisera. »
Note : Dans la prophétie, les bêtes représentent les royaumes, des gouvernements ou des pouvoirs terrestres.

5. Cette bête vient de la mer. Qu'est-ce que la mer ?

Apocalypse 13 : 1 ; 17 :15
« *Et il se tint sur le sable de la mer. Puis je vis monter de la mer une bête qui avait dix cornes et sept têtes, et sur ses cornes dix diadèmes, et sur ses têtes des noms de blasphème.* ».
Note : Dans la prophétie les eaux représentent les habitants de la terre.

6. Quels sont les douze points permettant d'identifier la Bête ?

1. Elle reçoit son pouvoir, son siège et son autorité du Dragon
2. Elle devient une puissance mondiale
3. Elle apparait après la chute de la Rome impériale (*Daniel 7 : 24*)
4. Elle domine pendant 42 mois prophétiques ou 1260 années
5. Elle est coupable de blasphème
6. Elle reçoit une blessure mortelle dont elle est guérie
7. Elle reçoit l'adoration, dont elle est un pouvoir religieux
8. Elle persécute les saints de Dieu
9. Elle a un chiffre mystique « 666 »
10. Elle remonte de l'Abîme et va à sa perdition
11. Elle reçoit le règne pendant une heure avec la Bête
12. Elle établit huit rois dont le huitième règne actuellement pour une durée d'une heure avec dix rois

Note: Une seule puissance remplit toutes ses caractéristiques. L'histoire prouve que le chef de l'église catholique a reçu son pouvoir, son siège et son autorité de la Rome païenne ; qu'elle fut un pouvoir mondial durant 1260 années (538-1798) pendant lesquelles elle mis à mort un nombre important de chrétiens qui refusaient de l'adorer ; qu'elle éleva des prétentions blasphématoires, affirmant avoir le droit de pardonner les pêchés, et que l'évêque de Rome est « *Dieu sur terre.* »

7. Pour quoi Dieu nous demande-t-il de connaitre le signe de la Bête ? *Apocalypse 13 : 15 – 18*

« *Et il lui fût donner d'animer l'image de la bête, afin que l'image de la bête parla, et qu'elle fit que tous ceux n'adoraient pas l'image de la bête fussent tués. Et elle fit que tous, petits et grands, riches et pauvres, libres et esclaves, reçussent une marque sur leurs mains droites ou sur leur front, et que personnes ne put acheter ni vendre, sans avoir la marque, le nom de la bête ou le nombre de son nom. C'est ici la sagesse. Que celui qui a l'intelligence calcule le nombre de la bête. Car c'est un nombre d'homme et son nombre est six cent soixante-six.* »
Note: L'Apocalypse utilise l'antique coutume de donner une valeur numérique aux noms et titres, ainsi à les identifier. Le titre le plus important de l'évêque de Rome est « Vicaire du Fils de Dieu », *en latin* « VICARIUS FILII DEI ». *La valeur numérique de ce titre est exactement* « *666* »

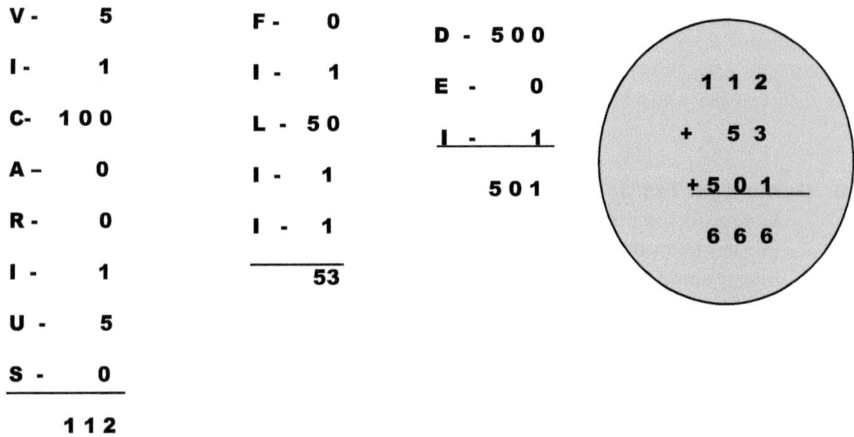

Note: Et également une seconde appellation qui caractérise encore le chef de l'Eglise Catholique de "**DUX CLERI**", qui signifie "**Lumière du Monde**" et donc il se défend d'en être le garant puisque la Bible déclare qu'il allait blasphémer le sanctuaire de Dieu jusqu'à s'autoproclamer Dieu lui-même. A cet effet, voici la signification de **DUX CLERI = LUMIERE DU MONDE.**

Note: Calculons la signification de cette appellation en chiffre romain -qui est rappelons-le -une écriture d'origine romaine comme son nom l'indique :

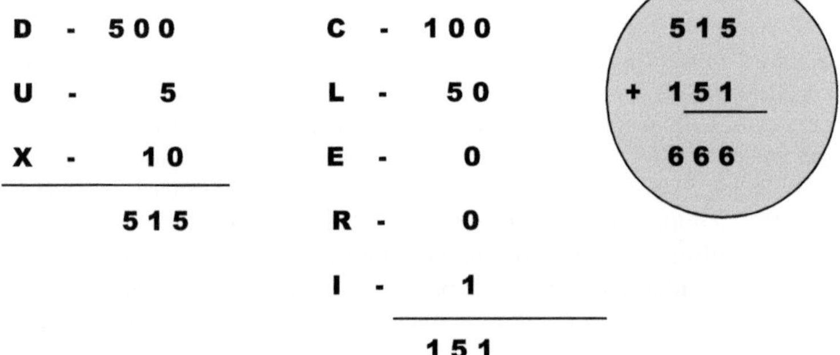

8. Qui donne cet avertissement ? Apocalypse 3 :19

Jésus dit : « *Moi, je reprends et je châtie tous ceux que j'aime. Aie donc du zèle, et repens-toi.* »

Note: C'est un message d'amour de Jésus. Il y a dans toutes les communautés du monde des enfants de Dieu. S'ils se convertissent et acceptent d'entrer dans la seule

Eglise que le Christ Jésus a laissée. Entendons-nous bien ! Seules celles des âmes qui se convertiront au Christ pourront être sauvées de la colère de Dieu à venir ! La parole de Dieu ne se négocie pas envers son auditoire, mais elle se dicte à tous. Qui que vous soyez, le plan de Dieu vous concerne bien. Jésus n'est pas venu pour condamner le monde ; mais pour le sauver. Mais il le fera seulement avec la liberté de ceux qu'ils appellent de sa douce voix d'amour, et non pas comme autrefois.

9. Pourquoi Dieu demande-t-il aux anges de retenir les vents de la destruction finale ? Apocalypse 7 : 1- 3

« *Après cela, je vis quatre anges debout aux quatre coins de la terre ; ils retenaient les quatre vents de la terre, afin qu'il ne soufflât point de vent sur la terre, ni sur la mer, ni sur aucun arbre. Et je vis un autre ange, qui montait du côté du soleil levant, et qui tenait le sceau du Dieu vivant ; il cria d'une voix forte aux quatre anges à qui il avait été donné de faire du mal à la terre et à la mer, et il dit : Ne faites point de mal à la terre, ni à la mer, ni aux arbres, jusqu'à ce que nous ayons marqué du sceau le front des serviteurs de notre Dieu.* »

Note: Dieu retient la dévastation de la terre jusqu'à ce que son peuple ait reçu son sceau qui est le respect de ses commandements dont les trois premiers et le quatrième qui concerne le Sabbat. Bientôt, tout individu sur la terre fera partie d'un groupe ou de l'autre : celui de Dieu.

A TITRE DE RAPPEL : COMENT LES HOMMES ONT-ILS DEJA PRIS LE 666 SUR LE FRONT.

10. Le 666 est-t-il annoncé dans les épitres ? *1 jean 2 : 18 – 20*

« *Petits enfants, c'est la dernière heure, et comme vous avez appris qu'un antéchrist vient, il y a maintenant plusieurs antéchrists : par-là nous connaissons que c'est la dernière heure. Ils sont sortis du milieu de nous, mais ils n'étaient des nôtres ; car s'ils eussent été des nôtres, ils seraient demeurés avec nous, mais cela est arrivé afin qu'il fut manifesté que tous ne sont pas des nôtres. Pour vous, vous avez reçu l'onction de la part de celui qui est saint, et vous avez tous de la connaissance.* »

Note: Pour la première fois il est annoncé dans la Bible le 666 par l'Apôtre Jean, en précurseur de la prophétie de la fin des temps, on retrouve déjà dans l'épitre des faits graves sur le sujet ! Aussi, il faut retenir dans l'évangile de Jean Dieu n'avait pas donné à Jean de parler des évènements de la fin des temps. Certainement pour le faire dans tout un livre, celui de l'Apocalypse.

COMMENT EST-IL INDIQUE LE SIGNE DE LA RECONNAISSANCE DOCTRINALE DU 666 SUR LA MAIN

11. Qu'est-ce donc que le signe de la bête marquée sur la main ?

ECOUTONS CE QUE LE VATICAN EN DIT DE LUI-MEME :

Note: La citation suivante est tirée de « **Catholic Record Of London, Ontario, Canada** », du 1er Septembre 1923 : « *Le dimanche est la marque de notre autorité...L'Eglise est au-dessus de la Bible et ce transfert de l'observation du Sabbat le prouve* ».

12. Ya-t-il d'autres preuves de ce changement ?

Oui. Dans le « **Convert's Catechism of Catholic Doctrine** », Par *PETER GEIERMANN*, en page « 50 », nous lisons ceci :
Question : Quel est le jour du Sabbat ?
Réponse : Le Samedi est le jour du Sabbat.
Question : Pourquoi observons-nous le dimanche au lieu du Sabbat ?
Réponse : Parce que l'Eglise a transféré la solennité du Sabbat du samedi au dimanche.

Note: Le chef de l'Eglise Catholique affirme avoir changé le jour d'adoration du samedi au dimanche et que l'observation de ce dernier par le monde est le signe de son autorité et de sa puissance. Nous résumons en disant que la marque du sceau du pouvoir de Dieu est le Sabbat et son observation, tandis que la marque ou signe de la puissance de la Bête dans les affaires religieuses est le dimanche et son observation. Des sources catholiques, romaines, trop nombreuses pour être citées ici, témoignent de ce changement.

13. Le chef de l'Eglise Catholique a-t-il changé le 4ème commandement ? *Daniel 7 : 25*

« *Il prononcera des paroles contre le Très Haut, il opprimera les saints du Très Haut, et il espérera changer les temps et la loi ; et les saints seront livrés entre ses mains pendant un temps, des temps, et la moitié d'un temps.* »

Note: La prophétie de Daniel 7 est parallèle à celle de d'Apocalypse 13. Le message est clair. Le Chef de l'Eglise Catholique a espéré changer le jour d'adoration de Dieu, mais le 4ème commandement est toujours une obligation. Le dimanche n'est pas un jour saint.

14. Au temps d'Ezéchiel quel était le souci de Dieu ? Ezéchiel 22 : 26

« Ses sacrificateurs violent ma loi et profanent mes sanctuaires, ils ne distinguent pas ce qui est saint de ce qui est profane, ils ne font pas connaître la différence entre ce qui est impur et ce qui est pur, ils détournent les yeux de mes sabbats, et je suis profané au milieu d'eux. »

Note: Cela arrive encore aujourd'hui. Plusieurs chefs religieux disent : *« Il y a aucune différence entre le Sabbat et le dimanche ». Mais, Dieu répète toujours : « Tu dédaignes mes sanctuaires, tu profanes mes Sabbats »* (Ezéchiel 22 : 8)

15. Que dit Dieu à propos des tentatives de changer sa loi ? Deutéronome 4 : 2

« Vous n'ajouterez rien à ce que je vous prescris, et vous n'en retrancherez rien ; mais vous observerez les commandements de l'Éternel, votre Dieu, tels que je vous les prescris. »

Note: Les Eglises populaires sont embarrassées car, comme nous l'avons vu précédemment, virtuellement toutes les Eglises admettent dans leurs textes officiels qu'il y a aucun message dans les écritures en faveur de la sainteté du dimanche.

COMMENT EST REÇUE LA MARQUE SUR LA MAIN

Exode 16 : 23 – 29

« Et Moïse leur dit : C'est ce que l'Éternel a ordonné. Demain est le jour du repos, le sabbat consacré à l'Éternel ; faites cuire ce que vous avez à faire cuire, faites bouillir ce que vous avez à faire bouillir, et mettez en réserve jusqu'au matin tout ce qui restera. Ils le laissèrent jusqu'au matin, comme Moïse l'avait ordonné ; et cela ne devint point infect, et il ne s'y mit point de vers. Moïse dit : Mangez-le aujourd'hui, car c'est le jour du sabbat ; aujourd'hui vous n'en trouverez point dans la campagne. Pendant six jours vous en ramasserez ; mais le septième jour, qui est le sabbat, il n'y en aura point. Le septième jour, quelques-uns du peuple sortirent pour en ramasser, et ils n'en trouvèrent point. Alors l'Éternel dit à Moïse : Jusques à quand refuserez-vous d'observer mes commandements et mes lois ? Considérez que l'Éternel vous a donné le sabbat ; c'est pourquoi il vous donne au sixième jour de la nourriture pour deux jours. Que chacun reste à sa place, et que personne ne sorte du lieu où il est au septième jour. Et le peuple se reposa le septième jour. » Exode 20 : 8 - 11 *« Souviens-toi du jour du repos, pour le sanctifier. Tu travailleras six jours, et tu feras tout ton ouvrage. Mais le septième jour est le jour du repos de l'Éternel, ton Dieu : tu ne feras aucun ouvrage, ni toi, ni ton fils, ni ta fille, ni ton serviteur, ni ta, ni ton bétail, ni l'étranger qui est dans tes portes. Car en six jours l'Éternel a fait les cieux, la terre et la mer, et tout ce qui y est contenu, et il s'est reposé le septième jour : c'est pourquoi l'Éternel a béni le jour du repos et l'a sanctifié. »* Exode 16 : 4 – 5 *« L'Éternel dit à Moïse : Voici, je ferai pleuvoir pour vous du pain, du haut des cieux. Le peuple sortira, et en ramassera, jour par jour, la quantité nécessaire, afin que je le mette à l'épreuve, et que je voie s'il marchera, ou non, selon ma loi. Le sixième jour, lorsqu'ils prépareront ce qu'ils auront apporté, il s'en trouvera le double de ce qu'ils ramasseront jour par jour. »*

Lévitique 26 : 34 – 37 *« Alors le pays jouira de ses sabbats, tout le temps qu'il sera dévasté et que vous serez dans le pays de vos ennemis ; alors le pays se reposera, et jouira de ses sabbats. Tout le temps qu'il sera dévasté, il aura le repos qu'il n'avait pas eu dans vos sabbats, tandis que vous l'habitiez. Je rendrai pusillanime le cœur de ceux d'entre vous qui survivront, dans les pays de leurs ennemis ; le bruit d'une feuille agitée les poursuivra ; ils fuiront comme on fuit devant l'épée, et ils tomberont sans qu'on les poursuive. Ils se renverseront les uns sur les autres comme devant l'épée, sans qu'on les poursuive. Vous ne subsisterez point en présence de vos ennemis »*

LE SCEAU DE DIEU PROTEGE :

16. Pourquoi Dieu retarde-t-il la destruction finale ? *Apocalypse 7 : 13*

« Ne touchez pas à la terre … jusqu'à ce que nous ayons .... du sceau ....le ....des .... De notre Dieu ».

Note: Dieu ne permettra pas aux vents de la guerre finale de souffler et d'amener la destruction de la terre avant que son peuple ait reçu sa marque. Les vents, dans la prophétie, représentent la guerre, la destruction, le sang versé ; *Jérémie 25 : 31-3, 49 : 36-37 :*

17. Jusqu'où la proclamation du message divin au sujet de son sceau doit-elle aller ?

Apocalypse 14 : 6

« .... A toute ...., à toute...................... à toute..., à tout .... »

Note: Nous verrons que le sceau de Dieu est une partie importante du message des trois anges d'*Apocalypse « 14 »*. Il sera proclamé sur la terre entière. Et avec une grande puissance, juste avant le retour de Jésus. Souvenez-vous que *« sceau », « marque », et « signe »*, sont souvent synonymes dans la Bible ; *Romain 4 : 11 ; Ezéchiel 9 : 4 ; Apocalypse 7 : 2-3*

18. Comment l'écriture utilise-t-elle symboliquement le sceau ?

Romain 4 : 11 ; Ezéchiel 9 : 4 ; Apocalypse 7 : 2-3

« Comme .... de la justice obtenue par la foi.............. ». N'attristez pas le saint .... ;; par lequel vous avez été .... »

Note: Un sceau peut valider une vérité ou une exigence divine. Il indique aussi la propriété ou l'approbation de Dieu.

LE SCEAU D'UN GOUVERNEMENT

19. Un sceau doit contenir trois choses ; lesquelles ?

Des sceaux sont utilisés pour authentifier des documents légaux. Ils doivent porter le **NOM, le TTIRE,** et le **TERRITOIRE** sur lequel elle exerce.

20. Identifier le sceau de Dieu sa loi.

Exode 20 : 3-17

« Le ....jour est le .... (repos) du .... ; ton Dieu................ car le Seigneur a ....la terre et les cieux ».

Note: Le quatrième commandement est le sceau de Dieu apposé sur sa loi parce qu'il contient le nom de –« ***Le Seigneur ton Dieu*** », Le titre de Créateur- « ***il a fait*** », et l'étendue du territoire - « ***les cieux et la terre*** ».

UN SCEAU REMARQUABLE DE DIEU, UN SCEAU VISIBLE.

21. Quel est le signe (ou sceau) de la puissance rédemptrice et créatrice de Dieu ?

Ezéchiel 31 : 17, Ezéchiel 20 : 12 Apocalypse 4 : 10

Le ....est le signe que Dieu est Créateur et rédempteur.

Note: Dieu lui-même a fait le Sabbat lors de la création, et il a lui-même annoncé que le Sabbat est le signe de son pouvoir créateur et rédempteur.

22. Où le sceau de Dieu est-il apposé ? *Apocalypse 7 : 3*

« ....sur leurs .... »

Note: Le front représente l'esprit. Nous servons Dieu avec nos esprits ; *(Romain 7 : 25)* Aussi lorsque nous consentons à garder le Sabbat de Dieu, nous sommes scellés dans nos esprits, représentés par nos fronts.

LE SAINT SABBAT DE DIEU

23. Quand Dieu créa-il le Sabbat ? *Genèse 2 : 1- 4*

Quand *« Il créa les .... Et la .... »*

Note: Après les six premiers jours de la création, Dieu fit le Sabbat le septième jour.

24. Avec quoi Dieu fit-il le Sabbat ?

Exode 20 : 10

Avec « *le septième* ………………………….. » qui est le Sabbat.

Note: Dieu prit un jour de vingt 24 heures, le 7eme de la semaine, pour en faire le Sabbat. Il est fait de temps et le temps est ce qui est nécessaire pour développer une véritable amitié avec le Seigneur. Il m'offre 24 heures par semaine de son temps si précieux pour que Lui et moi puissions devenir des amis intimes. Comment pourrais-je mépriser une offre pareille.

25. Qu'a fait Dieu pour que le Sabbat soit bien spécial ?

Genèse 2 : 2- 3

« *Il s'est* ……………………..*le 7eme jour* ……….. *et Dieu a* ………….. *le 7eme jour et l'a* …………………………… »

Note: « *Sanctifier* » veut dire mettre à part pour un saint usage.

26. Combien de temps dure la bénédiction divine ?

1 chronique 17 : 27

« …………..*est béni pour l'*…………………………………………… »

27. Pour qui Dieu a-t-il fait le Sabbat ?

Marc 2 : 27-28

« *Le sabbat a été fait pour l'*………………………………… »

Note: Certains disent que le Sabbat a été fait uniquement pour les Juifs, et non pour les païens. Jésus a dit le contraire. Il a été fait pour l'humanité, pour les peuples, partout, depuis le début des temps.

28. Quel ordre est donné concernant le Sabbat ?

« *Souviens-toi du jour du repos pour le* ………………………….. »

Note: Ce commandement est si clair qu'il faut faire d'un gros effort pour ne pas le comprendre. Il est le seul qui commence en disant : « Souviens-toi ». Dieu savait que l'Homme oublierait.

LE SABBAT DU NOUVEAU TESTAMENT

29. Les dix commandements ont-ils été abrogés ?

Luc 16 : 17

Non. *« Il est plus que le …………………….. et la ………………..passent qu'il ne l'est qu'un seul……………………………….de la loi vienne à tomber ».*

Note: *La loi de Dieu et ses commandements sont une même chose ; Mathieu 5 : 17- 19 Romain 13 : 8-10*

30. Quel jour Paul et Jésus gardaient-ils ?

« Le jour du ……………………………………………………………… »

31. En quoi puis-je être affecté de savoir que Jésus gardait le Sabbat ? *1 Pierre 2 : 21*

Je devrais suivre ………………….. exemple.

Note: Puisque Jésus m'a laissé un exemple en gardant le Sabbat, je désirerai certainement le suivre en le gardant aussi.

32. Les chrétiens d'origine païenne gardaient-ils le Sabbat ?

Réponse : ………………………………………………………………

Note: Le verset 43 dit que ces païens, gardant le Sabbat, vivaient aussi sous la grâce.

33. Jésus pensait-il que ses disciples garderaient le Sabbat après sa résurrection ?

Mathieu 24 : 20

Oui il leur ordonna de prier pour que leur fuite, lors de la destruction de Jérusalem n'ait pas lieu un jour de ……………………………..

Note: Quand il dit cela, Jésus savait que Jérusalem ne serait détruite que (40) quarante ans plus tard. Il s'attendait donc bien à ce que ses disciples prient pour pouvoir observer le Sabbat 40 ans après sa mort et sa résurrection.

LE PEUPLE DE DIEU IDENTIFIE

34. Comment l'Apocalypse identifie-telle ceux qui seront sauvés ?

Apocalypse 14 : 12

Comme le peuple qui « *........................... les .... de Dieu et a le .... de Jésus* »

Note: Ceci implique l'observation du Sabbat puisque c'est le 4eme commandement.

35. Pourquoi est-ce si grave de transgresser la loi de Dieu ?

1 Jean 3 : 4 Romain 6 : 23

Parce que « *le .... Est la transgression de la loi et que le salaire du péché c'est la ....* »

36. A quel péché, en particulier, Dieu fait-il allusion dans Esaie ?

Esaie 58 : 1 - 14 « *Crie à plein gosier, ne te retiens pas, Élève ta voix comme une trompette, Et annonce à mon peuple ses iniquités, A la maison de Jacob ses péchés ! Tous les jours ils me cherchent, Ils veulent connaître mes voies ; Comme une nation qui aurait pratiqué la justice Et n'aurait pas abandonné la loi de son Dieu, Ils me demandent des arrêts de justice, Ils désirent l'approche de Dieu. - Que nous sert de jeûner, si tu ne le vois pas ? De mortifier notre âme, si tu n'y as point égard ? -Voici, le jour de votre jeûne, vous vous livrez à vos penchants, Et vous traitez durement tous vos mercenaires. Voici, vous jeûnez pour disputer et vous quereller, Pour frapper méchamment du poing ; Vous ne jeûnez pas comme le veut ce jour, Pour que votre voix soit entendue en haut. Est-ce là le jeûne auquel je prends plaisir, Un jour où l'homme humilie son âme ? Courber la tête comme un jonc, Et se coucher sur le sac et la cendre, Est-ce là ce que tu appelleras un jeûne, Un jour agréable à l'Éternel ? Voici le jeûne auquel je prends plaisir : Détache les chaînes de la méchanceté, Dénoue les liens de la servitude, Renvoie libres les opprimés, Et que l'on rompe toute espèce de joug ; Partage ton pain avec celui qui a faim, Et fais entrer dans ta maison les malheureux sans asile ; Si tu vois un homme nu, couvre-le, Et ne te détourne pas de ton semblable. Alors ta lumière poindra comme l'aurore, Et ta guérison germera promptement ; Ta justice marchera devant toi, Et la gloire de l'Éternel t'accompagnera. Alors tu appelleras, et l'Éternel répondra ; Tu crieras, et il dira : Me voici ! Si tu éloignes du milieu de toi le joug, Les gestes menaçants et les discours injurieux, Si tu donnes ta propre subsistance à celui qui a faim, Si tu rassasies l'âme indigente, Ta lumière se lèvera sur l'obscurité, Et tes ténèbres seront comme le midi. L'Éternel sera toujours ton guide, Il rassasiera ton âme dans les lieux arides, Et il redonnera de la vigueur à tes membres ; Tu seras comme un jardin arrosé, Comme une source dont les eaux ne tarissent pas. Les tiens rebâtiront sur d'anciennes ruines, Tu relèveras des fondements antiques ; On t'appellera réparateur des brèches, Celui qui restaure les chemins, qui rend le pays habitable. Si tu retiens ton pied pendant le sabbat, Pour ne pas faire ta volonté en mon saint jour, Si tu fais du sabbat tes délices, Pour sanctifier l'Éternel en le glorifiant, Et si tu l'honores en ne suivant point tes voies, En ne te livrant pas à tes penchants et à de vains discours, Alors tu mettras ton plaisir en l'Éternel, Et je te ferai monter sur les hauteurs du pays, Je te ferai jouir de l'héritage de Jacob, ton père ; Car la bouche de l'Éternel a parlé »*

LE PEUPLE NE RESPECTAIT PAS LE SABBAT.

Note: Dieu appelle la transgression du Sabbat un péché. Du temps d'Esaie, les gens foulaient aux pieds ce commandement. Les Hommes aujourd'hui, font la même chose. L'ordre de Dieu est de « crier à plein gosier » et de leur expliquer le Sabbat. Jésus le Bon Berger, sait que ses Brebis le suivront avec joie en gardant le Sabbat quand elles comprendront, parce qu'elles aiment leur Maître et veulent lui faire plaisir.

37. Quel jour les élus observeront-ils sur la nouvelle terre ?

Esaie 66 : 22- 23

Le ………………………………………………………………………………. .

38. Pour quel motif vais-je obéir à Dieu ?

Jean 14 ; 15

Parce que j'aime mon……………………………………………………… .

39. Que dois-je faire pour adorer Dieu comme Créateur ?

Exode 20 : 8-11

« Souviens-toi du jour du ……………………pour le ………………, car en 6 jours l'Eternel a fait le ……………… et la ………………………………… ».

Note: Dieu ordonne que je sanctifie le Sabbat comme preuve que je l'accepte et l'adore comme le Créateur.

40. Pourquoi l'observation du Sabbat devrait-elle être une source de joie ?

Parce que c'est le jour du ………………………………

Note: N'oubliez pas ! Jésus a participé à la création de toute chose en collaboration avec son Père. (*Jean 1 : 1- 3, 10, 14 ; Hébreux 1 : 1-2 ; Ephésiens 3 : 9 ; Colossiens 1 : 13-17*). Ceci naturellement, inclut le Sabbat. Le Sabbat donne de la joie aux chrétiens, parce qu'il est axé sur Dieu. C'est **SON JOUR**. Il représente son pouvoir de créer, son amour, sa puissance pour sauver du péché et ses miracles. Et, plus plaisant encore, YAHWEH Saint Dieu a mis ce jour à part pour être avec nous et nous aider à devenir comme Lui. En Eden, Dieu donna à l'Homme deux institutions, afin qu'il soit pleinement heureux- Le mariage et le Sabbat. Dieu est certainement attristé de voir souvent tant de gens, aujourd'hui, ignorer et mésestimer ces deux dons et, à cause de cela, avoir des vies de misère et de malheur.

41. Dans *jean 14 : 15*, Jésus dit : *« Si vous m'aimez gardez mes commandements »*. **Aimez-vous suffisamment Jésus pour garder tous ses commandements, sans tarder ?**

Réponse : ....

RISQUES MAJEURS " 666 " DES PROFANATEURS DU SAINT SABBAT DE DIEU

Les Eglises populaires sont embarrassées car, comme nous l'avons vu précédemment. Virtuellement toutes ces Eglises admettent dans leurs textes officiels, qu'il y a aucun message dans les écritures en faveur de la sainteté du dimanche. **D'où proviendrait alors l'origine du culte du dimanche mondialement admis dans les cultes ?** De la Rome païenne. Elle appelait le 1 er jour de la semaine, le dimanche. Traduit en anglais par SUNDAY qui veut dire littéralement Jour du Soleil. **Y'a-t-il un rapport direct entre le culte Solaire originaire de Rome et le dimanche ?**

Le "**Dies Solis**" signifiant "dieu soleil", que Rome adorait avant sa mutation au culte catholique en sa forme actuelle, **comment en est-il advenue de la divinité officielle de l'Eglise de Rome ?** Une fois le sanctuaire d'Italie, construit dans cette ville, l'impact sur la suite des commandements de Dieu, notamment celui du Sabbat, entrainait la profanation du SAINT SABBAT DE DIEU ! Faisant ainsi du "dieu Soleil", le "dieu" de l'empire sous le règne de son Empereur Constantin. En prenant officiellement ces quartiers généraux dans la cité du VATICAN en 538 selon plusieurs sources historiques, avec pour solennité d'adoration le DIMANCHE. Le dimanche est mieux traduit par l'anglicisme SUNDAY qui signifie "JOUR du SOLEIL", qui s'opposa au SABBAT du SAMEDI. Evidemment à l'origine du prétexte de la nouvelle doctrine, Rome évoquait le dimanche comme jour où le Seigneur fut ressuscité, et conféra la solennité du dimanche d'origine romain, à une volonté divine, une fois le mariage satanique entre les doctrines païennes et les prétendues similitudes entre la résurrection de Jésus le dimanche. Pourtant la volonté parfaite de Dieu qui ne souffrent d'aucune ambigüité dans les tables de l'Alliance, les Dix Commandements déclare bien : *« Souviens-toi du jour du repos, pour le sanctifier. « Souviens-toi »* est-il dit comme si Dieu évoquait un certain rappel aux Hommes, sachant qu'ils allaient tous ensemble mettre en berne ce commandement qualifié par ailleurs de signe entre Dieu et son peuple. Nous disons en résumé que la profanation du seul jour éternellement saint qu'est le SABBAT du

SAMEDI, est non seulement une volonté malsaine de défier Dieu à travers les dix commandements comme Rome sait le faire si bien, mais qu'il est l'explication certaine de l'application du signe de la Bête sur la main, comme conséquence de la perdition éternelle des âmes, pour avoir poursuivis des intérêts mercantiles, au lieu du DIEU VIVANT. La Bible avertit que tous les habitants du monde vont le prendre ce "666". Apocalypse *(Voir les trois thèmes abordés y consacrant le sujet du "666 " de cette série, c'est-à-dire les Thèmes N° 4, 5 et 6 de la présente collection " Que Celui Qui Lit Fasse Attention ! ")*

a) Le Grand Signe de la Bête, le (666) révélé.

b) Comment les Hommes ont-ils déjà pris le (666) le Signe de la Bête sur le Front ?

L'observance du Dimanche comme jour de Sabbat en remplacement du Samedi, ne serait-il pas en lien avec la marque du "666" sur la main ? Ezéchiel 20 : 10 - 12
« *Et je les fis sortir du pays d'Égypte, et je les conduisis dans le désert. Je leur donnai mes lois et leur fis connaître mes ordonnances, que l'homme doit mettre en pratique, afin de vivre par elles. Je leur donnai aussi mes sabbats comme un signe entre moi et eux, pour qu'ils connussent que je suis l'Éternel qui les sanctifie.* »

Note: Nous résumons en disant que la marque du sceau invisible de Dieu est le Saint Esprit donné aux chrétiens par le baptême au nom de Jésus-Christ par immersion dans les eaux. Quand à celle de son sceau visible et de son pouvoir distinctif, c'est le saint Sabbat et son observation. Tandis que la marque ou signe de la puissance de la Bête dans les affaires religieuses est le dimanche et son observation. Des sources catholiques, romaines, trop nombreuses pour être citées ici, témoignent de ce changement.

SENTENCE DE DIEU CONTRE LES ADORATEURS DU SIGNE DE LA BETE "666", PRIS SUR LA MAIN PAR LA PROFANATION DU SAINT SABBAT, CONTRE L'OBSERVATION DU " SUNDAY" DIMANCHE

Le soleil qui fut déifié des millénaires durant, sera également l'élément par lequel la sentence de la destruction des Hommes tombera au jugement dernier par Dieu, à la fin du monde. Que les Hommes comprennent très bien les enjeux de leurs actes qu'ils considèrent à tort d'inoffensifs !

NB: Dans la suite de la présente étude Biblique, nous verrons comment il sera bientôt imposé la marque de la Bête "666" sur la main, par l'oubli et l'inobservation du quatrième commandement du Sabbat de Dieu, donné à Moïse.

QUATRIEME COMMANDEMENT

« Souviens-toi du jour du repos, pour le sanctifier. Tu travailleras six jours, et tu feras tout ton ouvrage. Mais le septième jour est le jour du repos de l'Éternel, ton Dieu : tu ne feras aucun ouvrage, ni toi, ni ton fils, ni ta fille, ni ton serviteur, ni ta servante, ni ton bétail, ni l'étranger qui est dans tes portes. Car en six jours l'Éternel a fait les

cieux, la terre et la mer, et tout ce qui y est contenu, et il s'est reposé le septième jour : c'est pourquoi l'Éternel a béni le jour du repos et l'a sanctifié. »

IMPORTANCE DES SABBATS

42. De quels bénéfices étaient accompagnés autrefois l'observation des Sabbats ? Exode 16 : 23 – 29

« *Et Moïse leur dit : C'est ce que l'Éternel a ordonné. Demain est le jour du repos, le sabbat consacré à l'Éternel ; faites cuire ce que vous avez à faire cuire, faites bouillir ce que vous avez à faire bouillir, et mettez en réserve jusqu'au matin tout ce qui restera. Ils le laissèrent jusqu'au matin, comme Moïse l'avait ordonné ; et cela ne devint point infect, et il ne s'y mit point de vers. Moïse dit : Mangez-le aujourd'hui, car c'est le jour du sabbat ; aujourd'hui vous n'en trouverez point dans la campagne. Pendant six jours vous en ramasserez ; mais le septième jour, qui est le sabbat, il n'y en aura point. Le septième jour, quelques-uns du peuple sortirent pour en ramasser, et ils n'en trouvèrent point. Alors l'Éternel dit à Moïse : Jusques à quand refuserez-vous d'observer mes commandements et mes lois ? Considérez que l'Éternel vous a donné le sabbat ; c'est pourquoi il vous donne au sixième jour de la nourriture pour deux jours. Que chacun reste à sa place, et que personne ne sorte du lieu où il est au septième jour. Et le peuple se reposa le septième jour.* » Exode 16 : 4 – 5 « *L'Éternel dit à Moïse : Voici, je ferai pleuvoir pour vous du pain, du haut des cieux. Le peuple sortira, et en ramassera, jour par jour, la quantité nécessaire, afin que je le mette à l'épreuve, et que je voie s'il marchera, ou non, selon ma loi. Le sixième jour, lorsqu'ils prépareront ce qu'ils auront apporté, il s'en trouvera le double de ce qu'ils ramasseront jour par jour.* »

43. Qui avait observé en premier le Sabbat ? Exode 20 : 8 - 11

« *Souviens-toi du jour du repos, pour le sanctifier. Tu travailleras six jours, et tu feras tout ton ouvrage. Mais le septième jour est le jour du repos de l'Éternel, ton Dieu : tu ne feras aucun ouvrage, ni toi, ni ton fils, ni ta fille, ni ton serviteur, ni ta, ni ton bétail, ni l'étranger qui est dans tes portes. Car en six jours l'Éternel a fait les cieux, la terre et la mer, et tout ce qui y est contenu, et il s'est reposé le septième jour : c'est pourquoi l'Éternel a béni le jour du repos et l'a sanctifié.* »

44. Quelle était la punition du peuple autrefois du refus d'observation des sabbats ? Lévitique 26 : 34 – 37

« *Alors le pays jouira de ses sabbats, tout le temps qu'il sera dévasté et que vous serez dans le pays de vos ennemis ; alors le pays se reposera, et jouira de ses sabbats. Tout le temps qu'il sera dévasté, il aura le repos qu'il n'avait pas eu dans vos sabbats, tandis que vous l'habitiez. Je rendrai pusillanime le cœur de ceux d'entre vous qui survivront, dans les pays de leurs ennemis ; le bruit d'une feuille agitée les poursuivra ; ils fuiront comme on fuit devant l'épée, et ils tomberont sans qu'on les poursuive. Ils se renverseront les uns sur les autres comme devant l'épée, sans qu'on les poursuive. Vous ne subsisterez point en présence de vos ennemis* »

45. Dieu avait-il permis à son peuple de reconnaitre son jour de repos, et de communion avec Lui exclusivement ? Exode 16 : 4 – 5

« *L'Éternel dit à Moïse : Voici, je ferai pleuvoir pour vous du pain, du haut des cieux. Le peuple sortira, et en ramassera, jour par jour, la quantité nécessaire, afin que je le mette à l'épreuve, et que je voie s'il marchera, ou non, selon ma loi. Le sixième jour, lorsqu'ils prépareront ce qu'ils auront apporté, il s'en trouvera le double de ce qu'ils ramasseront jour par jour.* »

46. Combien d'années a duré la grâce salutaire d'observation du Saint Sabbat, par le peuple israélite dans le désert ? Josué 5 : 6

« *Car les enfants d'Israël avaient marché quarante ans dans le désert.* »

47. Au temps d'Ezéchiel quel était le souci de Dieu ? Ezéchiel 22 : 26

« *Ses sacrificateurs violent ma loi et profanent mes sanctuaires, ils ne distinguent pas ce qui est saint de ce qui est profane, ils ne font pas connaître la différence entre ce qui est impur et ce qui est pur, ils détournent les yeux de mes sabbats, et je suis profané au milieu d'eux.* »

Note: Cela arrive encore aujourd'hui. Plusieurs chefs religieux disent : « *Il y a aucune différence entre le Sabbat et le dimanche* ». *Mais, Dieu répète toujours :* « *Tu dédaignes mes sanctuaires, tu profanes mes Sabbats* » *(Ezéchiel 22 : 8)*

48. Que dit Dieu à propos des tentatives de changer sa loi ? Deutéronome 4 : 2

« *Vous n'ajouterez rien à ce que je vous prescris, et vous n'en retrancherez rien ; mais vous observerez les commandements de l'Éternel, votre Dieu, tels que je vous les prescris.* »

Note: Les Eglises populaires sont embarrassées car, comme nous l'avons vu précédemment, virtuellement toutes les Eglises admettent dans leurs textes officiels qu'il y a aucun message dans les écritures en faveur de la sainteté du dimanche.

49. D'où provenait l'origine du culte du dimanche ?

Note: De la Rome païenne. Elle appelait le 1 er jour de la semaine, le dimanche. Traduit en anglais par SUNDAY qui veut dire littéralement Jour du Soleil.

SENTENCE DE DIEU CONTRE LES ADORATEURS DU SIGNE DE LA BETE "666", PRIS SUR LA MAIN PAR LA PROFANATION DU SAINT SABBAT DU SAMEDI, CONTRE L'OBSERVATION DU " SUNDAY" DIMANCHE

CONSEQUENCE DE L'ABANDON DU SAINT SABBAT DE DIEU ET DE L'ADORATION DU SOLEIL DES MILLENAIRES DURANT

50. Le "Dies Solis". Le "dieu soleil" que Rome a incité toute la terre a adoré, serait-ce sans conséquences ? 2 Pierre 3 : 10 – 14

« Le jour du Seigneur viendra comme un voleur ; en ce jour, les cieux passeront avec fracas, les éléments embrasés se dissoudront »

Note: Le soleil qui fut déifié des millénaires durant, sera également l'élément par lequel la sentence de la destruction des Hommes tombera au jugement dernier par Dieu, à la fin du monde. Que les Hommes comprennent très bien les enjeux de leurs actes qu'ils considèrent à tort d'inoffensifs !

51. A ce propos justement, quel rôle jouera le "soleil" au retour de Jésus à la fin du monde ? 2 Pierre 3 : 10 – 14

« Et la terre avec les œuvres qu'elle renferme sera consumée. Puisque donc toutes ces choses doivent se dissoudre, quelles ne doivent pas être la sainteté de votre conduite et votre piété, tandis que vous attendez et hâtez l'avènement du jour de Dieu, à cause duquel les cieux enflammés se dissoudront et les éléments embrasés se fondront ! Mais nous attendons, selon sa promesse, de nouveaux cieux et une nouvelle terre, où la justice habitera. C'est pourquoi, bien-aimés, en attendant ces choses, appliquez-vous à être trouvés par lui sans tache et irrépréhensibles dans la paix. »

52. Ce même "soleil" tant adoré les dimanches, des siècles durant, à quoi servira-t-il après la deuxième résurrection des pécheurs ? Apocalypse 20 : 9 – 10

« Et ils montèrent sur la surface de la terre, et ils investirent le camp des saints et la ville bien-aimée. Mais un feu descendit du ciel, et les dévora. Et le diable, qui les séduisait, fut jeté dans l'étang de feu et de soufre, où sont la bête et le faux prophète. Et ils seront tourmentés jour et nuit, aux siècles des siècles. »

CONCLUSION

Esaie 63 : 7 – 19 « *Je publierai les grâces de l'Éternel, les louanges de l'Éternel, D'après tout ce que l'Éternel a fait pour nous ; Je dirai sa grande bonté envers la maison d'Israël, Qu'il a traitée selon ses compassions et la richesse de son amour. Il avait dit : Certainement ils sont mon peuple, Des enfants qui ne seront pas infidèles ! Et il a été pour eux un sauveur. Dans toutes leurs détresses ils n'ont pas été sans secours, Et l'ange qui est devant sa face les a sauvés ; Il les a lui-même rachetés, dans son amour et sa miséricorde, Et constamment il les a soutenus et portés, aux anciens jours. Mais ils ont été rebelles, ils ont attristé son esprit saint ; Et il est devenu leur ennemi, il a combattu contre eux. Alors son peuple se souvint des anciens jours de Moïse : Où est celui qui les fit monter de la mer, Avec le berger de son troupeau ? Où est celui qui mettait au milieu d'eux son esprit saint ; Qui dirigea la droite de Moïse, Par son bras glorieux ; Qui fendit les eaux devant eux, Pour se faire un nom éternel ; Qui les dirigea au travers des flots, Comme un coursier dans le désert, Sans qu'ils bronchassent ? Comme la bête qui descend dans la vallée, L'esprit de l'Éternel les a menés au repos. C'est ainsi que tu as conduit ton peuple, Pour te faire un nom glorieux. Regarde du ciel, et vois, De ta demeure sainte et glorieuse : Où sont ton zèle et ta puissance ? Le frémissement de tes entrailles et tes compassions Ne se font plus sentir envers moi. Tu es cependant notre père, Car Abraham ne nous connaît pas, Et Israël ignore qui nous sommes ; C'est toi, Éternel, qui es notre père, Qui, dès l'éternité, t'appelles notre sauveur. Pourquoi, ô Éternel, nous fais-tu errer loin de tes voies, Et endurcis-tu notre cœur contre ta crainte ? Reviens, pour l'amour de tes serviteurs, Des tribus de ton héritage ! Ton peuple saint n'a possédé le pays que peu de temps ; Nos ennemis ont foulé ton sanctuaire. Nous sommes depuis longtemps comme un peuple que tu ne gouvernes pas, Et qui n'est point appeler de ton nom...* »

SOMMAIRE

23. Qu'a fait Dieu pour que le Sabbat soit bien spécial ? *Genèse 2 : 2- 3*
24. Pour qui Dieu a-t-il fait le Sabbat ? *Marc 2 : 27-28*
25. Quel ordre est donné concernant le Sabbat ?

LE SABBAT DU NOUVEAU TESTAMENT

26. Les dix commandements ont-ils été abrogés ? *Luc 16 : 17*
27. Quel jour Paul et Jésus gardaient-ils ?
28. En quoi puis-je être affecté de savoir que Jésus gardait le Sabbat ? *1 Pierre 2 : 21*
29. Les chrétiens d'origine païenne gardaient-ils le Sabbat ?
    Réponse :
30. Jésus pensait-il que ses disciples garderaient le Sabbat après sa résurrection ? *Mathieu 24 : 20*

LE PEUPLE DE DIEU IDENTIFIE

31. Comment l'Apocalypse identifie-telle ceux qui seront sauvés ? *Apocalypse 14 : 12*
32. Pourquoi est-ce si grave de transgresser la loi de Dieu ? *1 Jean 3 : 4 Romain 6 : 23*
33. A quel péché, en particulier, Dieu fait-il allusion dans Esaie ? *Esaie 58 : 1, 13*
34. Quel jour les élus observeront-ils sur la nouvelle terre ? *Esaie 66 : 22- 23*
35. Pour quel motif vais-je obéir à Dieu ? *Jean 14 ; 15*
36. Que dois-je faire pour adorer Dieu comme Créateur ? *Exode 20 : 8-11*
37. Pourquoi l'observation du Sabbat devrait-elle être une source de joie ?
38. Aimez-vous suffisamment Jésus pour garder tous ses commandements, sans tarder ?
    Réponse : ....

RISQUES MAJEURS " 666 " DES PROFANATEURS DU SAINT SABBAT DE DIEU

SENTENCE DE DIEU CONTRE LES ADORATEURS DU SIGNE DE LA BETE "666", PRIS SUR LA MAIN PAR LA PROFANATION DU SAINT SABBAT, CONTRE L'OBSERVATION DU " SUNDAY" DIMANCHE

QUATRIEME COMMANDEMENT

IMPORTANCE DES SABBATS

39. De quels bénéfices étaient accompagnés autrefois l'observation des Sabbats ? *Exode 16 : 23 – 29*
40. Qui avait observé en premier le Sabbat ? *Exode 20 : 8 - 11*
41. Quelle était la punition du peuple autrefois du refus d'observation des sabbats ? *Lévitique 26 : 34 – 37*
42. Dieu avait-il permis à son peuple de reconnaitre son jour de repos, et de communion avec Lui exclusivement ? *Exode 16 : 4 – 5*
43. Combien d'années a duré la grâce salutaire d'observation du Saint Sabbat, par le peuple israélite dans le désert ? *Josué 5 : 6*
44. Au temps d'Ezéchiel quel était le souci de Dieu ? *Ezéchiel 22 : 26*
45. Que dit Dieu à propos des tentatives de changer sa loi ? *Deutéronome 4 : 2*
    D'où provenait l'origine du culte du dimanche ?

SENTENCE DE DIEU CONTRE LES ADORATEURS DU SIGNE DE LA BETE "666", PRIS SUR LA MAIN PAR LA PROFANATION DU SAINT SABBAT DU SAMEDI, CONTRE L'OBSERVATION DU " SUNDAY" DIMANCHE

CONSEQUENCE DE L'ABANDON DU SAINT SABBAT DE DIEU ET DE L'ADORATION DU SOLEIL DES MILLENAIRES DURANT

46. Le "Dies Solis". Le "dieu soleil" que Rome a incité toute la terre a adoré, serait-ce sans conséquences ? *2 Pierre 3 : 10 – 14*
47. A ce propos justement, quel rôle jouera le "soleil" au retour de Jésus à la fin du monde ? *2 Pierre 3 : 10 – 14*
48. Ce même "soleil" tant adoré les dimanches, des siècles durant, à quoi servira-t-il après la deuxième résurrection des pécheurs ? *Apocalypse 20 : 9 – 10*

CONCLUSION

DANS LA MEME COLLECTION D'ETUDE BIBLIQUE

DANS LA MEME COLLECTION D'ETUDE BIBLIQUE :

1. LA PLUS LONGUE PROPHETIE DE LA BIBLE ; TITRE I, LE BAPTEME DE JESUS-CHRIST, L'ONCTION DU SAINT DES SAINTS.
2. LA PLUS LONGUE PROPHETIE DE LA BIBLE ; TITRE II, LA PURIFICATION DU SANCTUAIRE, SATAN EST CHASSE HORS DU CIEL.
3. LA FIN DU MONDE DANS LA BIBLE ET LE SIGNE DE LA BETE, LE « 666 ».
4. LE GRAND SIGNE DE LA BETE, LE (666) REVELE.
5. COMMENT LES HOMMES ONT-ILS DEJA PRIS LE (666) LE SIGNE DE LA BETE SUR LE FRONT ?
6. COMMENT LES HOMMES ONT-ILS DEJA PRIS LE (666) LE SIGNE DE LA BETE SUR LA MAIN ?
7. LES DIX COMMANDEMENTS DE DIEU ET LE SALUT EN JESUS-CHRIST.
8. LA DIME, LE PECHE DE JUDAS DANS L'EGLISE CONTEMPORAINE APOSTASIEE.
9. QUELS SONT LES AUTRES SIGNES DE LA BETE ?
10. LE FONCTIONNEMENT DE L'EGLISE APOSTAT.
11. LE PARADIS ET L'ESPERANCE CHRETIENNE.
12. L'EGLISE, LES CHRETIENS.
13. QUI EST LE VRAI DIEU ?
14. IL YA UN SEUL DIEU !
15. IL YA UN SEUL SEIGNEUR !
16. IL YA UN SEUL ESPRIT !
17. IL YA UNE SEULE FOI !
18. IL YA UNE SEULE ESPERANCE !
19. IL YA UN SEUL CORPS !
20. IL YA UN SEUL BAPTEME !
21. LE SCEAU DE DIEU DANS L'APOCALYPSE.
22. LE SCEAU DU DIABLE DANS L'APOCALYPSE.
23. LE JOUR OU LE VATICAN, LA GRANDE PROSTITUEE, LA MERE DES IMPUDIQUES SERA DETRUITE.
24. VOICI LE GRAND SIGNE DE LA FIN DES TEMPS, ET DU RETOUR DE JESUS-CHRIST.
25. LE MOUVEMENT ISLAMIQUE DECRIT DANS LE LIVRE DE L'APOCALYPSE.
26. LA DERNIERE EGLISE, LES 144 000, LE RETOUR DU SEIGNEUR JESUS-CHRIST, ET L'ETERNITE.
27. VINGT ET SEPTIEME ECRITURE : LE TEMOIGNAGE ! VIE ET TEMOIGNAGES CHRETIEN !

Printed by Books on Demand GmbH, Norderstedt / Germany